_____ 님에게

詩라는 그릇에 담긴 말들이
지상의 어두운 그늘을 밀어내고
따뜻한 동행이 되고자
이 시집을 드립니다

년   월   일

바람의 사원

박 순 시집

시인의 말

더 이상 웃지도
더 이상 울지도 않을래
의미 없는 시간들 빙글빙글 돌면서
나는 쓸모없는 사랑을 찾아 헤매고 있어
일용할 양식이 되지 않는 비아냥 가운데
파닥파닥 날갯짓이라도 하고 싶어
단독자
그래도, 걸어가야 할
시인이라는
길 위의 날들

2024년 바람 부는 어느 아침에
시인 **박순**

박순 시집 / 바람의 사원

시인의 말

제1부
I see you

여름아, 라고 불릴 때 12	이슬의 소리 22
봄을 말하다 13	나의 이름은 김영희 23
예술이야 14	달에게 2 24
행복합니까, 항복합니까 15	T를 위한 변주곡 25
벽화 16	데이 브레이크 26
실종의 시대 17	크로노스와 27
봄이라는 글자를 볼 때마다 18	카이로스의 사이에서
북향화가 다시 피어나는 1 19	I see you 28
시참詩讖 20	
꽃이 피어나는 21	
시간은 아름다운가요?	

제2부
후스르흐

나는 너를 왜 몰랐을까	30
기억의 지속	31
링반데룽	32
광대나물꽃	33
나를 잃다	34
사랑을 아세요?	35
눈부처	36
생각을 틀며	37
가라앉은 사원	38
애드리브	39
달빛, 사랑으로	40
주머니 랩	41
언니, 잘 있었어	42
우린 안부를 묻지 않아도	43
등에 관하여 푼다	44
이 한 컷을 위해, 나는,	45
후스르흐	46
슬픔을 슬픔이라 쓰지 말라면	48
웃을 때 덧니가 예뻤다	49
리듬 0	50
시간을 시간이라고 부를 수 있을까	51

제3부
3부 모렌도

호구여,	54	시인으로 살아남기 1	61
나는 그대를 사랑한다		시인으로 살아남기 2	62
문학 신경증에 대한	55	시인으로 살아남기 3	63
메소드	56	시인으로 살아남기 4	64
수목한계선의	57	시인으로 살아남기 5	65
나무가 내게 말한다		시인으로 살아남기 6	66
향하다	58	시인으로 살아남기 7	67
풍장	59	모렌도	68
詩 3	60	진실의 입	70

제4부
바람의 사원

희소성의 법칙　　72　　　Who am I? 1　　80
사랑이라는　　　　73　　　Who am I? 2　　82
관념에서 살아가고　　　　Who am I? 3　　83
봄 그리고 밤　　74　　　Who am I? 4　　84
압화　　　　　　75　　　Who am I? 5　　85
오! 영광　　　　76　　　Who am I? 6　　86
새가 되어 날으리　77　　무엇　　　　　　87
당신은 어디로 가고 있나요 78　바람의 사원　　　88
나는 나를 모른다 하지 않는다 79

평설
삶의 근원적인 질문들에 관하여　　**박순** (시인. 강사)　　89

제1부
I see you

여름아, 라고 불릴 때

죽은 표정들은 휙, 휙 지나가고 있다
검은색 롱 코트와 초록 목도리
찌든 흰색 부츠를 신고
콘크리트 바닥에 엎드린 한 사람
땀에 전 머리카락은 엉겨 붙어 있다
검은 비닐봉지를 신앙처럼 가슴에 부둥켜안고
왼손으로 빵 한 조각을 집어
창백한 입술을 벌려 욱여넣고 있다
그는 사막으로 가는 편도 티켓을 쥐고
기우뚱거리며 삼보일배를 하고 있다
도를 아십니까?
예수 천당 불신 지옥
투쟁만이 살길이다
그날의 하늘은 활짝 열리며 불을 뿜는 듯했다*

*카뮈의 『이방인』 중에서 인용

봄을 말하다

뒤늦게 벚꽃 놀이를 하자고 찾아간 망미리
그의 뒷마당 벚나무는 아직 봄이 멀다
그는 늘 모자를 푹 눌러쓴 채
겨울을 벗어나지 못하고 있다
우리와 차 한 잔을 마주하며
이승에서 혼자 잘 지내는 게 미안한 일이라며
되뇌며 고개를 떨군다
마른 나뭇가지같이 야윈 손으로
쓰다듬는 사진 속의 아내
환하게 웃으며 살고 있는 마흔다섯의
정지된 화면처럼
갈라진 발뒤꿈치까지 그립다고 말한다
우리가 자주 찾아가
햇살이 들지 않는 벚나무와 눈을 마주치면
봉오리를 앙다문 벚나무도 봄이 찾아들 것이다
그의 입이 배시시 열리기도 할 것이다

예술이야

여름 이파리들은
두 팔을 흔들며 환호를 보내지
파라솔은 최고의 무대장치
의자에 앉아 눈을 지그시 감고
홀쭉해진 볼과 오므린 입술
목장갑을 낀 손은 리듬을 타기 시작하지
시나트라가 노래해야만 빛을 발하는 곡
딱 달라붙어서 벗지 못하는 신발 같던 곡
My Way를
수만 번은 불었던
그래, 그게 나의 길이지
지나가다 마음이 동하거든
천 원짜리 몇 장 빨간 바구니에 담아
나뭇가지로 살짝 눌러놓고 가셔
지나가던 바람이 휙 날릴 수 있어
오늘도 나는 색소폰을 잡지

행복합니까, 항복합니까

작은 연못의 물고기 한 마리
배를 뒤집은 채 물 위에 떠올라있다
할미, 저 물고기 왜 저래?
세 살 먹은 아이가 묻는다
아가, 저 물고기는 늙어서 죽은 거란다
이젠 늙어서 사는 것에 항복하고 저세상으로
간 거란다
구십 먹은 할머니는 쪼글쪼글한 입으로
대답을 한다
항복이라는 단어를 처음 들은 아이는
항복, 항복, 항복 중얼거린다

하루라는 시간 속에서 나를 굽혀 복종하며
살지 못하다가
때때로 악심惡心을 누르며 살지 못하다가
울면서, 저세상으로 가고 있는 내가 보였다

벽화

새파랗던 시간과 함께
새빨간 시간을 찾아
뜨거운 가슴으로
쓸쓸함을 마주하며
본래의 나를 향하는 일

실종의 시대

턱이 없어도
눈이 멀어도
바다를 헤엄치며
꼼지락거리지
껍데기가 벗겨져도
열 시간을
버티며 이 한 세상
더 바라보고 있지

봄이라는 글자를 볼 때마다

Falling in love를

떨리는 목소리로 부르는

당신을 향해 환하게 웃으며

당신밖에 보이지 않는

3인칭에서 2인칭을 향한

북향화가 다시 피어나는 1

백년 설렁탕에서 노시인은 만남에 대해 말하느라 설렁탕이 식어가는 줄 모른다 다른 한 사람은 아, 네, 아, 네를 반복하며 육개장을 먹고 난 뚝불고기에 있는 당면을 수저에 얹어 입으로 향한다 백년 설렁탕은 진짜 100년이 되었는지 궁금증으로 밥은 한 수저도 못 뜨고 아, 글쎄 그저 그랬던 사람이 대붕이 될지 누가 알았겠어? 기사가 문을 여니까 떡하니 나오는데 사람들이 눈밭에 엎드려 인사를 하는 거야 가관이더라고 세상 오래 살고 볼 일이지 참, 연꽃처럼 생긴 아름다운 꽃이 나무에 매달려 있더라고.

시참詩讖

늙어가는 거미처럼
까맣게 타버렸던 김수영
먼지가 되어 날아갔던 김광석
비틀거려 안길 곳으로 가버렸던 김현식
서른여섯에 과부가 된 엄마를 보며
서른여섯이 될까 치를 떨었고
주름투성이 엄마를 보며
보톡스를 수시로 맞고
까불어대는 시를 짓지 못한 채
진지함과 우울로 똘똘 뭉친 채
그런 거야, 그럴 거야, 아마도
100세 시대라는데
시 한 줄 멋들어지게 쓰다가
죽으면 여한이 없을 텐데

꽃이 피어나는 시간은 아름다운가요?

다, 너를 사랑해서야
구둣발로 짓밟으며 머리채를 쥐고 흔든다
푸른 시간을 부르는 두 눈두덩이
핏방울처럼 튀어 오르는 입술

살려주세요,
살려주세요,

목줄에 묶인 개처럼 끌려가는 어린 짐승의
두 눈동자

뒷걸음치며 끌려가지 않으려는 발버둥은 차가운
시선을 벗어나지 못한다

고개를 흔들며
그 자리를 떠나는
서른 개의 얼굴

붉은 노을 속으로 걸어가고 있는 침묵

그 꽃의 오체투지 수행은 계속되고 있다

이슬의 소리

운이 좋아서 안 당했구나
이게 우리 직업이려니
부당함에 맞서는 사람이 되라고*

얘들아
얘들아

너희들에게 정의를 외쳤던 목소리
비굴한 사람은 되지 말자고 외쳤던
하얀빛의 폭포가 쏟아지는 그날

얘들아
얘들아

앵무새가 되었고
철저한 을이 되었고
떨어지는 이슬 한 방울이 되었고

나는
나는,

* 2023.8.4. 중앙일보 기사 중에서 인용

나의 이름은 김영희

북채를 들고
슬픔과 분노를 먼지처럼
날릴 수 있다면
몸이 부서져라 춤을 추고
저 큰 가위를 들고 노래 부르는
나의 이름은 각설이
거지는 말이야
있는 사람들한테
돈 쓰는 맛을 알게 해 줘서
거지야, 알겠느냐
한바탕 연극이 끝나고
호박엿을 제멋대로 잘라
멋대가리 없고 쓴맛 나는 세상
달달한 엿 하나 사
안 사면 섭섭하지
어디서 또 볼 겨?

달에게 2

일월은 얼음장 위에서 365를 낳고
이월은 얼음장 밑에서 꼬리를 흔들고
삼월은 연두야, 연두야, 노래를 시작하고
사월은 잔인한 달이라는 시 한 줄 심장에 꽂히고
오월은 날아라 새들아 그 새들은 다 어디로 갔고
유월은 열매는 나를 손짓하고
칠월은 청포도 한 알 입에 넣어 오물거리고
팔월은 후터분한 시간 속에 계속 머물고
구월은 여름과 가을 사이 사랑에 목마르고
시월은 시시하지 않게 살려고 달음박질하고
십일월은 당신을 만나 정말로 다행이라고
십이월은 언제 다시 만날까 뒤척이며 뜬눈으로
밤을 지새우고

T를 위한 변주곡

완벽한 T를 중심으로 와인을 한 손에 쥐고 바라보는 붉은 눈동자 포크를 닮은 갈퀴와 갈퀴를 닮은 포크와 포크와 갈퀴 사이에서 춤추는 다섯 손가락의 왈츠와 포크로 머리를 긁어대고 갈퀴로 T를 보듬어대고 다섯 손가락의 손톱으로 T의 얼굴에 문신을 새겨대는 단정한 밤, 검정 원피스를 입고 한 손에는 갈퀴를 한 손에는 잔을 흔들며 여기 좀 봐주세요, 라는 서툰 비음으로 혀를 부르고 꿈에서 만나자는 하얀 거짓말은 레트로의 극치를 달리고 T의 핏방울은 입술에 맺히는, 비릿한, 단아한, 너무나도 달콤한,

데이 브레이크

프루크루테스의 침대에 눕히고
공기는 우울의 냄새로 차오르고
불감증인 팔다리는 잘라 내버리고
뻣뻣한 목을 베는 일은 흥미로운 일
항상 움직이는 두 눈의 움직임을 제어하고
코마 상태인 두개골은 쪼개고
프레임에 묶인 관념은 뽀개고
짧은 혀는 늙은 문장의 기억을 핥아대고
낡아버린 진술은 삐거덕거리고
메타포의 속살은 벗기고
거무죽죽한 더미들의 문을 건너고
검은 비닐봉지에 싸서 냉동실에 때려 넣고
테이프로 손잡이를 봉인하고
죽은 말이 되어 버린
말 또는 말 그리고 또 말들
정겹고 정겨운 당신의 뼈들

크로노스와 카이로스의 사이에서

어떻게 잠은 잘 잤습니까?
알약 한 알로 한 달을 잘 버팁니까?
이데올로기의 알레르기는 어떻습니까?
친밀한 관계에 절절맵니까?
쓸데없는 눈물은 아직도 나옵니까?
방독면은 패션의 아이콘입니까?
아, 그렇습니까?
출력되지 못한 뇌 때문에 골치 아픕니까?
입만 나불거리는
K 시인은 아직도 살아있습니까?
그 시집들은 불태워졌습니까?
구상과 추상 사이에서
아직도 방황을 하십니까?
아, 그렇습니까?
자, 다들 숨, 한 번 삼키겠습니까?

I see you

티라미수와 포크 두 개 앉아있는 뱀 무늬 쟁반
메마른 입술 물기 없는 눈으로 사선을 긋는
인연이 연인으로 말장난이 허락되지 않는

사랑에 빠져 돌부리에 걸려도
언어의 꼬리가 잘려도
세상 밖으로 헤엄치지 않는
로지의 눈동자에 빠져들며
너와 사랑을 나누고 싶다는

입술만이 유영하는
그때는 틀리고 지금은 맞는

양파를 파는 파란 트럭 한 대

눈동자에 갇히지 못한 채
양산을 우산처럼 받쳐 들고 뛰어가는 남자
Hello가 골목길을 걷고 있는

제2부
후스르흐

나는 너를 왜 몰랐을까

12: 사랑으로 우린 하나가 될 수 있을까?
11: 그래도 괜찮다고 말하면 어때?
10: 그럴 수도 있다고 토닥토닥
9: 6과 9 사이에 너는 두 개의 섬에 살고 있다면
8: 뫼비우스의 띠는 나를 사랑하고 있을까?
　　무한대(∞)는 어때?
7: 왜 다들 럭키를 생각할까? 만나지 못하는
　　마름모는 어때?
6: 9를 6으로 읽고 6을 9로 읽으며 나는 웃었어
5: 너의 귀걸이가 흔들거리며 사랑을 속삭여
4: 아까운 시간을 살 수 있을까?
3: 너를 만나고 때론 안녕을 말하고
2: 5와 2 사이에 난 늘 갈팡질팡했어
1: 1은 0 다음이 아니겠니?
0: 꼴찌라고 누가 그래? 바닥을 치고 올라가면
　　되잖아!

기억의 지속

스스로 돌이 자라나고 있고
날을 세우며 숨을 쉬고 있다
날 선 감정을 바스러트리지 못해
하루에도 수백 번 만지작거렸던 주머니
지난했던 여름이 지나가던 날
머리털 나고 처음으로 수술대에 올랐다
셋, 둘, 하나, 목소리는 잦아들고
낯선 냄새에 취해 잠들고 발가벗겨졌다
그 작은 돌멩이 하나,
들어내지 못하고 살았던 단단해진 시간
단순하게 살고 싶은 것도 큰 욕심이냐고 묻던
제 몸 하나 제 맘대로 건사할 수 없음을
이제야 알았다고,
수술실에서 나온 당신의 이마를 가만히 만져본다
반듯한 이마가 나이를 먹어가고 있다

링반데롱

둥글고 넓적한 돌판 위에
그것보다 작고 둥근 돌을 세로로 세우지
아래위가 잘 맞닿도록 하고 끌면서 돌리고 있지
코가 뚫리고 멍에를 씌워도 괜찮다고,
정말 괜찮다고,
당신을 잃어버린 눈은 검은
보자기로 가려서 동여매 줘
당신 목소리에 어지러워
구역질을 하고 싶을 땐 말이야
제자리를 도는 일에 지쳐
주저앉고 싶을 땐 말이야
망각은 중심을 잃고
이따금 회초리로 후려쳐 주면
기뻐 뛰며 정신없이 달려갈 거야
까칠한 수염을 가진 당신을 더듬고
웃픈 당신을 향해 웃지
지극히 관념적인 당신과 들숨 날숨을 쉬는 시간
여전히 바람의 시간을 쫓는 내가 보여

광대나물꽃

온기가 지워진 침상에 누워 시들어가는 엄마
주머니에서 분홍색 루주를 꺼내며
자신의 입술에 발라달라고 한다
늙어가는 일도 서러운데
입술까지 얇아져 속상하다던 엄마
쪼글쪼글해진 입술을 내민다
희미해진 입술 산을 세우고 라인을 잡고 칠을 한다
입술을 달싹거리며
밥, 밥, 소리를 힘겹게 낸다
핏기 없던 얼굴에 봄이 피어나고 있다
아직은 살아있는 꽃이 되고 싶었을 것이다
죽음 앞에서 새파랗게 질린 입술 사이로
가짜로 피어나는 봄
마지막으로 그 해를 넘기지 못한 엄마는
봄을 맞이하지 못하고 지고 말았다

나를 잃다

뒤집어진 채 버려진 고향길
어린 시절이 다시 돌아온다

바다와 수평선이 마을을 지워버렸다

나는 어디 있는가

낯선 길과 음식점들이 내 앞에 펼쳐지고

중학생 때 짝사랑했던 K가
저쪽 호수에서 돌을 던졌다

이곳은 부모님을 버렸던 곳이다

사랑을 아세요?

머리에서 가슴까지 거리는 70cm
살아 숨 쉬는 응어리
바스러뜨리지 못해
체하고 또 체하고
언제쯤 내려갈까요?

눈부처

너는 꽃이니 별이니
어디에 있다가
이제야 나타난 거니
별꽃 같은 꽃별 같은
영원히 사랑스러운 아가야

생각을 틀며

울퉁불퉁 구불구불 휘어지며
똬리를 튼 소나무는
솔방울을 매달며 하루하루 버티더라
새끼가 뭐라고
작은 머리 위에 똬리를 얹고
새벽이면 무거운 짐을 이고 장사를 나섰다
비바람에 날아갈까 꽉 붙들고
걷고 또 걸었다
가마솥 같은 더위에 녹아내리는 소금 모양으로
땀방울을 흘리며 걷고 또 걸었다
새끼가 뭐라고
왜 이리 머리가 아프다냐
왜 이리 몸뚱어리가 오그라들었다냐
왜 이리 사는 게 팍팍하다냐
새끼가 뭐라고
새끼 걱정에 오늘도
똬리를 틀며 너희들을 보고 있댜

가라앉은 사원*

웃음을 남기던 골목길
얼어붙어 헤어나지 못한
운명 같은 눈빛
뛰어가고 있는 박제된 시간
엇갈리게 걷던 맥락 없는 문장들 사이
춤을 추던 손끝
다른 사람과 다르다며 나누던
차가운 키스,
머리카락과 볼에 흐르는
눈의 입자들은 가슴을 타고 녹아내린다
감기지 못한 네 개의 눈동자
이렇게 사는 것도 나쁘진 않아
저녁과의 키스는 위무를 가장한다

*드뷔시의 음악 작품 No.10

애드리브

어깨를 스칠 때마다 우린
아무런 관계도 아닌 듯
눈빛만을 교환할 뿐이다
마스크에 가려진 표정은 완벽히 무시하고
다시는 만나지 않을 악연으로 웃음을 집어삼킨다
시간을 죽여가며 존재의 인식에 대해
밤새 뒤척이던 밤에 대해 검지로 가리키며
입술만 달싹거릴 뿐이다
어둠의 골짜기라는 죽은 시라는 언어유희에 다시
네게로 돌아간다
화살나무 가지 끝이 눈꽃을 피워내는 시간은
더 이상 존재하지 않는다
어떠한 거짓말도 용서해 준다며 목에
키스 마크를 남기는 동안 눈은
여전히 존재감 없이 발자국을 따를 뿐이다

달빛, 사랑으로

저만치 앞서가는 당신
그 뒤를 따라가고 있다
달빛 아래서 사랑을 속삭였던
그 시간도 저만치 달아나고 있다
누가 달빛을 차갑다고 했을까
서러웠던 날들을 견디기에 그랬을까
달을 가리키는 손가락만 바라본 시간
당현천 사이로 흐르는 귀뚜르르르
뒤돌아보며 다시 돌아온 당신
슬며시 손을 꼭 잡고 속도를 맞춘다

주머니 랩

어이없어 말주머니
눈물막혀 눈물주머니
열받아 얼음주머니
미워죽겠어 심술주머니
대롱대롱 고름주머니
문드러져 사그랑주머니
만지작만지작 글주머니
차고 넘쳐 고생주머니
내 맘 알지 딴주머니
꾹 다문다 웃음주머니
이것뿐 빚주머니
에구머니나, 이제야 알았네
주머니 없는 수의
풀지 못하고 아가미를
한없이 졸라만 대고 있다

언니, 잘 있었어

혓바닥을 드러내며
그림자를 만들던 손바닥
초록을 향하는 잎들이 무서웠어
왜 사람들은 초록을 갈망할까
휘어진 가지를 길 삼아
옆으로, 옆으로, 옆으로
아래로, 아래로, 아래로
눈도 달리지 않았는데
길을 만들고 있어
가지를 꽉 붙들던 잎들
말간 얼굴을 보이는 바닥
층층 한 돌계단
이곳에서 저곳으로
폴짝 뛰어넘고 싶었어
지루하기 짝이 없던 여름이야

우린 안부를 묻지 않아도

밤새, 먼지 뒤집어쓰며
가슴 움켜쥐며
피 토하며 돌렸던 기계들
소주잔 기울이며 신라면 안주 삼아
가는 곡소리에
내 숨통을 조였다고
왜 벌써 가냐고
주먹을 허공에 휘두른다
앙다문 입술
오른쪽으로 기울인 어깨
화장化粧 못해
새까만 얼굴로 누워있던 그 사람
불편한 진실에 고개 흔들던 그 밤
난 왜 모르고 살았을까
한파가 몰아친다

등에 관하여 푼다

꺾인 허리를 반쯤 펴고
들어 올린 들통
엿질금을 물에 담가 불리고
꽉꽉 문질러 꼬두밥 넣고
불 앞에서 밤을 지새운 엄마
밥알이 껍질만 남긴 채 쏙 빠져나오듯
세상에서 젤루 어려운 것이
넘의 맴 얻는 거라며
투닥대지 말고 비위 맞춰 살라고
맴 단단히 붙들고 강단지게 살라고 했다
어여 가거라,
와이퍼처럼 손을 흔들던
겨울비 우산 속 키 작은 엄마는
어둠 속으로 묻혀갔다
어매,
어쩌다가 꼬두밥이 되야 불었소

이 한 컷을 위해, 나는,

자식들은 울음을 터트리며 인사를 건네고 있네요
얼굴 한번 쓰다듬어봤으면
그 따스한 손을 한 번만이라도 만져봤으면
더 이상 소원이 없을 텐데
하지만 나는 꼼짝을 못 하고 누워만 있지요
저기, 제일 속 썩인 내 딸이 눈물을 흘리고 있네요
아가, 입술을 떨지 말거라
세상이 만만치 않은데 나 때문에 울지 말거라
절대로 얼굴을 만지지 말라고
얼굴 위로 눈물을 떨어뜨리지 말라고
누군가 계속 조용히 말을 하네요
내 얼굴의 화장이 번질까 봐 그런 걸까요
이러지도 저러지도 못하다가
얘들아, 이건 쇼란다
관을 좀 더 비까번쩍한 걸로 바꿔다오
벌떡 일어나는 꿈을 꾸고 있지요

후스르흐*

몸을 뚫고 나오는 여린 가지 하나하나 비스듬히 일어서는 새끼손톱만 한 꽃잎 등에 꽂히는 비릿한 문장

배다와 베다의 이질적 블루스는 언제쯤 멈출 수 있나요

아가, 울지 마라
찬바람 불면 더 아프단다
아가, 허리 틀지 마라
비 내리면 더 아프단다

머리를 어루만지는 갈라진 손바닥 깊게 팬 주름 사이로 어쩔 수 없이, 살아가야 한다는,

가슴을 할퀴는 비명에
뒤돌아서서 눈물 쏟으며
휘청거리는 늙어버린 나무 저 나무

우리아기착한아기우리아기착한아기우리엄
마착한엄마우리아기착한아기우리엄마착한
엄마우리엄마착한엄마우리엄마착한엄마

엄마, 엄마도 얼마나 무서웠어요

*마두금 연주와 따스한 손길로 마음 깊이 어미 낙타의 마음을 어루만져주는 몽골의 전통이다.

슬픔을 슬픔이라 쓰지 말라면

당신은 말없이 걸어 들어온다
외면하고픈 나의 눈빛은 당신과 마주한다
길거리의 모든 사물은 슬픈 얼굴로 찾아든다
슬픔을 짓씹는다는 말은
각각의 방식으로 묘사되는 일이다
이불을 뒤집어쓰고 숨죽이며
이불 끝을 물어뜯는 일
벽돌 같은 문장을 끝없이 나열하는 일
단어를 치밀하게 구사하는 일
비틀거리며 정신을 놓고 주저앉는 일
지나가는 이가 한마디 한다
아직은 살만한 모양이지요?
슬픔이 넘치면 말은 엎드려요
자리를 털며 등지고 걸어간다
그림자 되어 따라오는 당신과 함께

웃을 때 덧니가 예뻤다

물오르게 하는 봄비도 아닌
쉼표를 선사하는 여름비도 아닌
겨울비 내리는 날이면 창문을
열어보라며 전화했어

어느 겨울비 내리던 새벽
욕실에서 문턱을 넘지 못하고
두 눈을 감지 못하고
어린 쌍둥이와 남편을 남겨두고
어긋난 지금을 부르짖었어

슬픔은 남은 자의 몫이라고 다들 말하지만
두고 가는 가족을 위해 눈물 흘리며 떠났어

얼굴 마주 보며 밥 한번 같이 먹자는 약속도
모든 게 평행선을 달리는 기차가 되고 말았어

오늘도 밖에는 모다깃비가 내리고
급하게 돌아오지 못할 여행을 떠나버린 너를

너의 그림자를 찾아 또다시 헤매고 있어

리듬 0*

즐겁게 춤을 추다가 그대로 멈춰라

가시 돋친 장미 한 송이 주고
깃털로 겨드랑이를 간지럽히고
목을 면도날로 긋고
그 피를 빨아먹고

채찍으로 등을 후려치고
옷을 찢어 젖꼭지를 빨고
권총을 쥐어주고 겨누게 하고
못으로 손바닥에 구멍을 내고

그래도 되는 겁니다

눈치 보지 말고 맘껏을
욕망의 불꽃이 꺼지지 않기를
한계가 있냐고 묻지 말기를

주의사항
눈은 쳐다보면 안 됩니다
나는 물체가 아닌 '사람'이라고 불립니다
즐겁게 춤을 추다가 그대로 멈춰라
여러분, 안녕하십니까?

*'Rhythm 0': 세르비아의 예술가 마리나 아브라모비치가
1974년에 나폴리에서 진행한 6시간 공연 예술 작품이다

시간을 시간이라고 부를 수 있을까

흰머리 위에 함박눈이 쌓여 갑니다 어둠에 싸인 길을 걷고 있습니다 이리저리 찾아봐도 노점은 나타나지 않고 다른 동네를 찾아 헤매고 있습니다 골목길에 접어들 때 만난 불빛은 등대가 되었습니다 손님이 없어 일찍 장사를 접으려는 붕어빵 장수 그는 네 마리를 종이봉투에 담아 건네줍니다 팔닥거리는 붕어를 품고 걷고 또 걷습니다 붕어빵이 먹고 싶다는 병든 아내의 입술이 얼마나 눈물겨운지 모릅니다

그는 한 시간 반을 걸어서 왔지만 나는 세 시간의 기다림이었습니다

제3부
모렌도

호구여, 나는 그대를 사랑한다

누군가 나를 호구라고 부를 때
범의 아가리에 들어갈 때
입에 겨우 풀칠을 할 때
얼굴 몸통에 단단히 착용할 때
시라는 감옥에 스스로 갇혀
안 되는 줄 알면서 한다는 말들
정해진 옳고 그름에 대해
정해진 좋고 나쁨에 대해
자아에 대한 성찰에 몸부림치다
시인이라는 자괴감과 마주한다
함구를 하다 보니 호구가 되었다
나의 호구인 시여, 시여, 사랑하는,
입을 꾹 다물고 그대를 부른다
누군가 나를 호구라고 부를 때

문학 신경증에 대한

온몸으로
제발
머리로만 쓰지 말라고
시라는 불꽃이 피어나는 곳은
머리가 아니라 몸이라고 한다
유명해지고 싶어
어지러운 대가리를 붙잡고
그래도 되는 거야
그래도 되는 거야
거울 속의 김수영은
쯧, 쯧, 쯧,

메소드

누런 천장을 올려다보며
누워있는 한 여자
꺼지지 않는 불빛들
똑,
이마에 떨어지는
한 방울의 눈물
바위가 되어 짓누르고 있다
오 분 후
다시는
당신을 벗어날 수 없는,
찬란한
일곱 개의 별빛들
침대 위에서

수목한계선의 나무가 내게 말한다

웹툰 작가 윤태호는
버티는 것까지가 재능이라고,
작가 이외수는
존버를 외쳐대며 V자를 연출하고
사직서를 바지 뒷주머니에 넣고 다니는 남편에게
무조건 버티는 게 장땡이라며 등을 떠민다
악바리가 되지 못해
바닥에 앉아 울고 있는 내게
무릎을 꿇고 두 팔을 뻗어 구부린 채
기어가면서도 살아가는
수목한계선의 나무가
참고 견뎌내고 당해내면서
그럼에도 불구하고
하루하루를 묵묵히 걸어가는 일이
잘 살아가는 것이라며
나의 등을 토닥여준다

향하다

ㄱ자로 꺾여도
몸통이 잘려도
거북등처럼 갈라져도
늘씬하게 잘 뻗어도
울퉁불퉁 드러낸 뿌리로 숨을 쉬며
소나무라는 이름으로 살아가고 있다
배를 비비며 절규하는 매미
종종거리며 땅에 고개를 숙이는 참새
고개를 뒤로 젖혀 우듬지를 올려다보면
햇살은 파편이 되어가고 있다
바람에 몸을 맡기며
각질이 심한 나무 둥치를 안아본다
살아가는 것은 도를 닦는 일
저기,
보행기를 밀고 오는 할아버지가 있다

풍장

옛날 몽골에서는 망자의 몸을 흰 천으로 감싸고 수레에 실어 덜컹거리는 길을 가다가 수레에서 흔들리던 시신이 땅에 떨어진 곳이 바로 풍장터가 되었다 시신을 운반하던 사람은 그 자리를 기억하고 일주일 뒤에 다시 돌아온다 그 사이 짐승이나 새들이 시신을 깨끗이 처리했으면 망자는 복덕이 많은 사람이 된다 그 뼈를 수습해 어워에 가져다 놓는다

만약에
누군가 망자가 된 나를 풍장을 하려고 떨어뜨리면
질기고 질긴 고집과 아집 덩어리
썩어 문드러져 악취를 풍기는 욕심 덩어리인 나를
새나 짐승들이 외면할 것이다
덕은 쌓지 못하고 죄만 짓던 나는
죽어서도 짐승이나 새들에게 환영받지 못할 것이다
죽지 못한 겨울로 남아 있을 것이다

詩 3

사람을 좋아하는데 이유가 있나요
부지런히 묻던 내게
돌다리도 두드려 보라는 말은 뻔한 속담
직관이 최고지, 아무렴,
사랑이 밥 먹여준다는
시 한 줄을 받들며 살던 적이 있다
손가락이 부러져 계산기를 튕기지 못하고
이 남자야 하며 잠 못 들었던 시간
계산기를 튕기려니 이젠 통통해진 손가락들
자꾸 클리어를 누르고만 있다

시인으로 살아남기 1

1

그는 내게로 왔고
잠을 재우지 않고
손과 발을 묶었고
그 사람만 사랑을 하라고 했고
詩를 품고 배를 쓰다듬어야만 했고
온통 한 사람만 보였어만 했고

2

자기들과 아빠의
고집과 무시와
서른 가지도 넘는 감정들을
비우지 못하고 계속 받아주는
엄마는 쓰레기통

시인으로 살아남기 2

1

개가 인간보다 낫다
그들은 다 알고 있지만
말을 하지 않는다
에밀리 디킨슨의 명언을
서른세 번째 씹는 중이다

2

마치 참기름처럼
유태인을
죽여 비틀고 짜서 만든
비누들
피부로 만들어진
앨범들
전등갓들
나는 무엇을 남길 것인가

시인으로 살아남기 3

1

가로는 비극
세로는 희극
고장 난 휴대폰은
비극이 뭔지
희극이 뭔지
관심이 없다

2

개미는 위를 두 개나 가지고 있다고,
하나는 자신을 위해
다른 하나는 동료를 위해
굶주린 동료가 배고픔을 호소하면
두 번째 위에 비축해 두었던 양분을 토해내서
먹인다고 하네, 먹인다고,

시인으로 살아남기 4

1

치매 걸린 사람들끼리는
대화를 잘한다는 얘기를 들은 적이 있다
서로 다른 얘기를 하기 때문이라고

2

시인이 3만 명이라고 하지요
이젠 놀랍지도 않네요
발바닥에 무좀 걸린 시를 쓸지라도
시인답지 않은 시인이라도
박 시인, 하고 누가 부르면 얼른 뒤돌아보지요

시인으로 살아남기 5

1

상처가 있고 모양이 안 예쁜
B급 상품을 꼬다마라고 부른다고
벌레 먹은 사과가 더 맛나다고
꿈틀꿈틀 사과 속에 숨어든
비급非級 같은 하루

2

탄광의 카나리아는 시인이라고
시인이어야만 한다고 말들을 잘도 한다
죽어가지 못하고 몰래 도망치는 나는
잘만 살고 있다

시인으로 살아남기 6

1

그립다 한마디면 끝인 것을
뭘 그리도
꽃을 뒤집고 구름을 시무룩하게 하시는지

2

시 한 편 싣는데
십만 원어치 책을 사라고
하늘 높이 오른 내 몸값

시인으로 살아남기 7

1

아니 얼굴도 둥글 몸매도 둥글
그런데 시는 왜 까칠하냐고 묻는다
인생의 모난 부분을
둥글게 만들지 못해
오늘도 시 한 줄 붙잡는다

2

소리는 속이지 않는다고
감정을 받아준다는 하모니카
시는 픽션일 뿐
자아가 들킬까 은유로 치장한다

모렌도

이상하지 않니

겨자씨만 한 점 세 개 옹기종기 모여 밥을 먹는
것이 서로의 발뒤꿈치를 잡는 것이
눈웃음치는 것이

연습 없는 작별 찬란한 별 두 개는 안녕을
속삭이는 것이

쿵쾅쿵쾅 쿵 쿵 쿵 콩닥콩닥
콩 콩 콩 콩 콩 콩 콩   콩   콩

그런데 그 런 데 그 런 데

떠나보낸 그 자리 서러워 너마저 떠나려 하니

졸리니 하품이 나니

주먹을 입에 넣어 봐
발가락을 빨아 봐
몸을 더 둥글게 말아 봐
달팽이가 집을 짊어지고 가는 것처럼 말이야

보이니 들리니 웃고 있니

진실의 입

말은 말이야
진실을
다 담을 수 없다고
누군가 말하더라고
굽은 손가락으로
정의란
진실이란
시인이란
삶이란
거창한 주제로
한 줄 한 줄 써 내려가며
악어의 눈물만 쥐어짜고 있지
그런데 말이야
진실은
채찍을 맞고 쫓겨나야 한다니까*

*셰익스피어 희곡 『리어왕』 중에서

제4부
바람의 사원

희소성의 법칙

한밤중 울면서 깨어나면
엄마의 숨소리를 확인해야
다시 잠들 수 있었던 아이
개천에서 붕어 가재로 사는 것도
팔리지 않아 불태워지는 명품이 아니어도
숨죽이고 살았던 대접받는 감각
상실을 지독한 고독감을 밑천 삼아
파란 새벽을 껴안았다
에곤 실레의 발리와 반 고흐의 시엔을
다자이 오사무의 야마자키 도미에를 초대하고
BTS의 아미로 춤을 추고 있다
불태워질 그 시 한 줄 붙들면서
집안의 똘것이 된 채
가문의 영광으로 여기며 살아가고 있다

사랑이라는 관념에서 살아가고

커터칼로박스테이프를뜯을때끼익과꺼억은리듬을 맞추는건지좌로우로우로좌로매만지는목장갑물러 터진몸은어디로숨어드는건지바닥에엎드려숨죽이 며꽃을피워내고있는건지너는곰팡이와만나고곰팡 이는또다른너를찾고바닥부터기어오르며쳐다보는 세상이묻어나는목장갑연두에서연한주황으로연한 주황에서진한주황으로붙들고엉기면서버티던사랑 도려내지못한사랑도저멀리내던져진사랑도사랑이 라는이름으로불리기를기다리는건지그렇다는건지

봄 그리고 밤

어둠 속에서 The Power of Love를 연주할 때
두 눈동자가 떨렸다
눈부시게 빛났던 목소리

이 세상은 환하게 웃는다고 말하며
끌어안았던 처음이라는 목소리

환장할 봄에 슬픔으로 미끄러지는 밤

수화기 너머로
사랑한다고 울부짖던
상처 입은 짐승

붉게 잠들던, 문신 같던,
그 시간을 다시 새기고 있다

압화

그저 그런 날이라고
그저 그런 인간이라고
그러면 어때
나·여·기
살·아·가·고· 있·는·데

오! 영광

어느 시인이 멋들어지게
문학상과 상금을 거머쥐었다
누구는 편집장이 되어 어깨에 잔뜩 힘이
들어가서 다 제 아래로 본다고 하고
내 돈을 내서라도
누가 내 시 좀 실어주지 않을까
바짝 엎드려 눈을 내리깔며 꼬리를 내리는데,
시가 도대체 뭐꼬?
어느 시인이 헤어지면서
우리는
시인이 된 것만으로도
가문의 영광으로 생각하며 살자고 한다
저만치서 막 떠나려는 0191번 마을버스에 올라
탔다
이래저래 요런 모양으로 살아가는 게 맞는가 갸
우뚱
차창에는 욕심으로 똘똘 뭉친
명색에 시인이라는 어떤 여자가 웃고 있다

새가 되어 날으리

가나에서는 환상의 관을 만든다
어부는 물고기 모양
운전사는 자동차 모양
더 좋은 곳에서 새로운 삶을 살라고
관을 들고 여섯 명은 발을 맞춰 춤을 춘다
용감하고 겁이 없는
칼날과 같이 생긴 날개를 달고
초당 60회의 날갯짓을 하며
쉿, 쉿,
소리를 내며 살아가는
벌새가
관 속에서 죽어 있다

당신은 어디로 가고 있나요

까만 동전 지갑이 바지 속에 들어 있네요
열쇠는 지갑 끄트머리에 대롱대롱 매달려 있고요
문을 향해 가지런히 놓인 신발 한 켤레
퍽퍽한 가슴에 갇힌 당신
삐뚤빼뚤 자식의 이름을 하나하나 적고
생일을 적었던 손때 묻은 종이 한 장
꼬깃꼬깃 접힌 당신의 이마
당신의 생일은 어디에 살고 있나요
자식 어깨너머로 배웠던 글자들은
지금 내 앞으로 걸어오고 있네요
하나둘 지워가는 입술
기억을 잡고
당신의 가슴을 열 수 있을까요
지금도 늦지 않을까요
환하게 웃을 수 있을까요
아침의 문을 열 수 있을까요
바서지는 별빛들을 바라보며

나는 나를 모른다 하지 않는다

어디서 왔나요
어디로 가고 있나요
갈고리처럼 대롱거리는 질문
자연·인간으로부터의 소외
식물인가요? 동물인가요?
표정을 지워가는 관념
중얼거리는 눈 코 귀 입
누구인가요?
촉을 세우는 명품
눈물을 삼키는 절개된 성대
AI가 생성한 목소리
나는 누구인가요
부분집합 속에 비스듬히 서 있나요
바람이 되어

Who am I? 1

어쩌면 두 발로 일어선 순간부터 불행은 일어났을지도
직립하는 순간 알게 된 고독을 외면했을지도
인공눈물 한 방울 떨구고 남의 마음 훔치려 했을지도
배에 표시해 놓고 칼을 찾았을지도
낯가죽이 두꺼워 뻔뻔해서 부끄러움을 몰랐을지도
이치에 맞지 않는 것을 억지로 끌어다 끼워 넣었을지도
일그러진 사회 사나운 사회에
눈에는 눈 이에는 이 불을 켰을지도
십자가에 못 박힐 수 없다고 도망쳤을지도
시에는 정답이 있다고 큰소리쳤을지도
화두는 이미 물 건너갔을지도

아름다운 것이 추할 수 있고 추한 것이 아름다울 수 있다는 셰익스피어의 말에 나는 주저앉고 말았다

어떤 60대 말기위암 환자가 이런 말을 했다고 한다
당신 이름, 얼굴, 생각, 보이지 않는 것, 보이는 것,
당신과 연관된 모든 것들을 다 사랑한다고

다, 사랑한다고,

Who am I? 2

숟가락 드는 일에 온 힘을 바치려 했다가
타인의 창을 통해 나를 인식하려 했다가
슬픔의 존재끼리 등을 기대려 했다가
위험한 존재끼리 폴리스라인 쳤다가
독하게 맵게 살려고 했다가
불편하고 또 불편해 고개 저었다가
스스로 나는 글 쓰는 노동자라 흰말 했다가
이빨을 드러낸 마음 피하려 했다가
쓸쓸함을 견디며 자아를 가다듬으려 했다가
갈 데까지 가 보자 주먹을 폈다가
필요할 때만 정의를 외치고 또 외쳤다가
그래도, 그래도, 썩어 문드러져도, 시집은,
남는다고, 죄 없는, 나무를, 가차 없이,
잘라댔다가,

Who am I? 3

차갑지만 뜨거울 수
무음에 맞춰 춤출 수
사랑에 단단해질 수
아픈 것 쓸쓸한 것 심란한 것 다 품을 수
거친 숨 몰아쉬다 숨 고를 수

있을까

있을까

과연

Who am I? 4

내 발밑을 보라고요?
죽는 걸 무서워하지 말라고요?
세상에 절대적인 가치는 없다고요?
통곡하며 대신 울어주라고요?
어려운 내용을 쉽게 쓰라고요?
나는 ( ) 인간이다. 정의하라고요?
같은 급 끼리끼리만 어울리라고요?
슬플 때, 딜레마에 빠질 때 자아가 꿈틀거린다고요?
비합리적 모순으로 뭉쳐있다고요?
하나부터 열까지 내가 나를 교육하라고요?
어떻게 사는 것이 합당한지 물어보라고요?
겨울은 따뜻하게 여름은 시원하게 만들라고요?

Who am I? 5

아스팔트에 붙은 발끝은 어디로 갈까
신념이라고 믿었던 것들은 오류투성일 뿐
세상을 살고 있지만 보이지 않는 세계에
너무 멀리 떨어져 있어
어둠 속에서만 열리는 동공
뿌연 거울 속에서 나만의 형식을 찾아 헤매
돌도 꽃도 벽도 나름의 언어로 세상을 향하는
것처럼
난 나에게 최면을 걸어
독한 것을, 유니크한 것을, 그로테스크한 것을
추앙하라고
절벽 앞에서 한 발짝 내디뎌 보라고
슬픔의 회오리 속으로 돌아가라고

Who am I? 6

안개 너머의 시간을 바라보는 키클롭스
축복이나 저주를 줄 수 있고
이마에는 둥근 눈이 하나 박혀 있다
본명을 Nobody라 부른 오디세우스
그 유명한 둘을 만나 나는 누구입니까, 라고
질문을 던졌다

뒷모습을 볼 수 없는 인간이여
가짜 불행에 시달리는 인간이여
질문을 던지고 스스로 답을 찾아가라
아니마를 읽고 아니무스를 떠올려라
진심을 감추고 어떻게 담을지 고민하라
감칠맛 나게 다르게 살아라

나는 다시 물었다
당신은 누구입니까?

하지만, 때로는, 내가 누구인지, 그대가 누구인지

Nobody Knows

아무도 모른다

무엇

무엇인지도 모를 뛰어오르는
욕망을 멈추지 않으며
편의점에 가는 발걸음을 옹호하며
연호하는 가로수들을 스쳐 가며
나를 둘러싸고 있는 무엇들이 늘어나면,
삶은 권태롭지 않다고 중얼거린다

세상을 향한 무조건적인 사랑을 비난하며
심장이 뛰지 않는
간절함에 흐르는 간극
이쁘지도 않은 골든아워 속에서
숨을 헐떡이며 이 시각까지
무엇을 하며 살아왔느냐

김종삼의 시를 더 이상
거들떠보지 않으며

바람의 사원

어디로 가고 있는지 나는 몰랐다
구부러진 길을 갈 때 몸은 휘어졌고
발자국이 짓밟고 지나간 자리에는
꽃과 풀과 새의 피가 흘렀다
바람이 옆구리를 휘젓고 가면
돌멩이 속 갈라지는 소리를 듣지 못했고
바람의 늑골 속에서 뒹구는 날이 많았다
바람이 옆구리에 박차를 가하고 채찍질을 하면
바람보다 더 빨리 달릴 수밖에 없었다
질주본능으로 스스로 박차를 가했던 시간들
옆구리의 통증은 잊은 지 오래
일어나지 못하고 버려졌던
검은 몸뚱이를 감싼 싸늘한 달빛
그날 이후
내 몸을 바람의 사원이라 불렀다

해설

삶의 근원적인 질문들에 관하여

박순 (시인. 강사)

언제 끝날지 아직은 잘 모르겠지만 오늘보다 더 나은 내일을 기다리며 견디고 견디면서 살았던 시간이 스쳐 간다.

첫 번째 시집『페이드 인』을 출간하고 4년 만에 두 번째 시집인『바람의 사원』을 출간하게 되었다.『페이드 인』시집을 내면서 고민을 많이 했었다. 가족사가 많이 들어갔는데 과연 내가 잘하고 있는 건지, 막상 활자화된 책을 만나고 후회할지 어떨지 갈피를 잡지 못한 채 시간을 보내다가 다시 용기를 내 출간하게 되었다. 문자나 전화 등 피드백을 통해 위로받았다는 말을 들을 때 눈물을 쏟았다는 과분한 피드백을 받았을 때 어쩔 줄 몰랐던 기억이 떠오른다. 시란 무엇일까. 무엇이기에 눈물과 웃음과 감동으로 서로의 마음에 깃드는 것일까.

시집명이기도 한 시『페이드 인』은 겨울 빙폭氷瀑의 정경을 통해서 혼탁하고 지리멸렬한 삶을 어떻게 곧추

세워야 하는지, 매서운 겨울이 쉼 없이 달려온 삶의 물줄기를 멈추는 휴식의 시간이 될 수 있다는 예지를 보여주고 있다.

물줄기는 지그재그로 흘렀다 무모하게 뛰어내렸다 절벽 앞에서 뒷걸음질 치고 싶은 날도 있을 것이다 부딪치고 튕겨져 나왔다 무른 바위의 살점이 떨어져 나가는 시간은 계속된 지 오래 서로는 파편이 되어가는 시간에 충실했다 어느 한 날 폭포는 바닥에 떨어지기도 전에 얼어붙었다 산짐승의 이빨을 닮은 폭포는 바닥을 향해 매달려있다 겨울이 깊어질수록 폭포와 바위는 뜨겁게 엉겨붙었다 경계를 감춘다 겨울은 마취의 계절이다 눈을 좀 붙여보는 건 어때? 한숨 자고 나면 괜찮을 거야… 봄은 서로의 경계를 드러내는 통증의 시간 입술 위에 봄을 올려놓는다, 그 환한 봄을.

— 『페이드 인』 시 전문

'페이드 인fade-in'은 연극이나 영화에서 화면이 점점 밝아지는 기법을 말한다. 어둠에 묻혀있던 물상物象이 그 실체를 드러내는 순간이기도 하고, 지리한 절망의 터널에서 빠져나오는 희망의 시간을 의미하기도 한다. 『페이드 인』이 보여주는 불안과 격절의 감정들은 '페이드 인'(밝음)으로 나아가기 위한 사유의 여정으로 이해하여야 한다. 부정否定이 결여된 긍정이 외화내빈 外華內貧의 궁색함을 면하지 못함을 기억한다면 박순 시인이 등단 5년 만에 내놓은 시집 『페이드 인』은 불화의 세계를 탐문하며 이 시대가 설정해 놓은 '나'와 '당신'의 경계가 높은 벽이 아닌 서로 가슴을 맞대는 울타리로써 존재할 수 있는지를 묻고 있다고 보아도 무방할 것이다. 신예新銳로서 새로운 어법을 실험하는 도전의식과 변증법적 사유의 통로를 따라 긍정에 이르려는 시도이다.

- 시집 『페이드 인』 나호열 시인의 해설 중에서

첫 시집인 『페이드 인』을 출간하고 한동안 시를 쓰지 못했다. 피로감이라고 할까. 안도감이라고 할까. 시를 쓰지 못하면 시인이라고 할 수 있을까. 이래서는 안 되겠다고 스스로 채찍질을 하면서 다시 일으켜 세웠다.
주위에서 관심을 가지고 두 번째 시집은 언제 나오냐는 작은 질문들이 시를 쓰게 하는 원동력이 되었다. 두 번째 시집은 첫 번째 시집과는 좀 다르게 쓰고 싶었다. 주제와 소재도 다양하고 가족보다는 사회의 모순점 등에 관심을 갖고 구체적으로 쓰는 방향으로 잡았다.
시란 무엇이고 관계를 맺는다는 의미와 삶의 근원적인 질문들에 대해 깊이 생각하며 관점을 달리하는 시를 쓰기 위해 노력했다. 시를 쓰면서 성장하는 느낌이 든다. 예전에 1이었다면 이젠 2나 3으로 나아가는 모습이 보이곤 했다.

1. 움직인다는 의미는 무엇일까?

마음도 몸도 움츠린 상황 속에서 움직이는 것들에 관하여 생각을 했다.
'움직이다' 동사의 사전적 의미는 1. 위치를 옮기다 2. 동작을 하여 위치를 옮기거나 자세를 바꾸다 3. 생각대로 좌지우지하다이다. 이사를 할 때 집을 어디로 옮기다, 라고 말을 한다. 묘소를 옮기다 등도 말을 한다. 또한 오른쪽에서 왼쪽으로 앞에서 뒤로 등 동작을 하며 자세를 바꾸거나 위치를 바꿀 때를 말한다. 그리고 나의 생각을 또는 너의 생각을 바꾸는 것, 혹은 생각하는 대로 바꾸는 것, 바뀌는 것을 말하기도 한다. 손을 발을 마음을 발걸음 등의 동작도 말할 수 있다.

하루하루 살아간다는 의미는 무엇일까. 김선영 작가의 장편 소설 『시간을 파는 상점 2』에서는 이런 문장이 나온다. "궁금증, 호기심 말이야. 그걸 찾아 계속 움직이는 게 살아가는 것 아닐까. 그게 없으면 아무 재미도 없는 거니까. 우리가 아직 살아 보지 않은 날이 궁금한 것처럼 말이야."

아이가 세 살 때 "엄마, 이게 뭐야?" "엄마, 이건 왜 이래?" 하면서 끊임없이 내게 질문을 던졌던 시간이 떠오른다. 처음에는 성의 있게 대답을 해주다가 나중에는 "크면 다 알게 돼"라면서 은근슬쩍 넘어가곤 했다. 그 작은 입은 쉬지 않고 종알거렸고 눈동자는 궁금증과 호기심에 가득 차서 반짝였고 그 조막만 한 손은 뭔가를 자꾸 만지곤 했다. 이 냄새 저 냄새에 호기심을 갖고 맡곤 했던 코. 세월이 흘러 생각을 해보니 그때가 참 좋았던 것 같다. 나도 아이의 시선으로 세상을 사물을 사람들을 바라볼 수 있었으니까.

만약에 죽음을 앞둔다면 여러분은 무엇이 아까울까? 보고 싶은 가족의 얼굴을 보고 싶고 손도 만져보고 싶고 먹고 싶은 것도 실컷 먹고 싶을 것이다. 시간이 흐르는 것이 가장 두려우면서도 아까울 수도 있다. 『시간을 파는 상점 2』에서는 죽음을 앞둔 할머니 얘기도 나온다. 그 할머니는 꽃을 보면서 "아까워. 저, 예쁜 것들을 못 본다는 게"라고 말한다. 캄캄한 땅속에서 숨을 죽이던 씨앗이 서서히 뿌리를 내리고 올라오려고 온 힘을 다하며 세상으로 고개를 내밀 때 얼마나 기뻤을까. 그리고 꽃을 피우며 열심히 하루하루를 살아간다. 햇빛과 바람 그리고 비와 함께 살아가면서 흠뻑 맞으면서 때론 휘청거린다. 그래도 세상에 대한 호기심을 잃지 않고 견디고 살아가는 꽃을 보지 못해서 아깝다는 할머니의 심정이 이해되기도 한다.

작은 아이가 돌이 지나도 혼자서 걸을 생각을 안 하는 것 같았다. 손을 짚으며 옆으로 걷는 것은 눈 깜짝할 새 저만치 가고 있는데 손을 떼고 걷지는 못했다. 나는 조급한 마음에 벽 모서리에 아이를 세우고 조금 떨어져 앉아 손뼉을 치면서 오라고 했다. 아이는 겁에 질린 채 방바닥만 쳐다보았다. 이리로 와봐, 이리로, 하면서 나는 아이가 혼자 힘으로 발걸음을 떼기를 기다렸다. 며칠이 지났을까. 어느 날 아이가 겁먹은 표정으로 두 손을 앞으로 뻗고 다리에 힘을 준 채 한 발을 내디뎠다. 그날 이후 용기가 났는지 스스로 걷기 시작했다.

"날지 못한다면 뛰십시오. 뛰지 못한다면 걸으십시오. 걷지 못한다면 기십시오. 무엇을 하던 가장 중요한 것은 앞으로 나아가야 한다는 것입니다." 마틴 루터 킹 목사의 연설문 중 한 부분이다. 앞으로 나아가야 한다는 것은 움직이다, 라는 동사의 가장 적극적인 표현이다. 지금보다는 조금이라도 변화가 되고 작은 움직임 움직임들이 모여서 뭔가 변화가 되기를 바란다.

편견과 혐오라는 프레임에서 벗어나고 생각이 다른 사람들의 의견도 존중할 수 있는 움직임이 있기를 바란다. '인생은 아름다워'라는 영화에서 이런 퀴즈가 나왔다. 많으면 많을수록 보이지 않는 것은? 답은 무엇일까? 어둠이다. 어둠을 물리치는 것은 작은 빛이겠고 또한 사랑과 포용하는 마음이다.

2. 관계란 무엇일까?

12: 사랑으로 우린 하나가 될 수 있을까?
11: 그래도 괜찮다고 말하면 어때?
10: 그럴 수도 있다고 토닥토닥
9: 6과 9 사이에 너는 두 개의 섬에 살고 있다면
8: 뫼비우스의 띠는 나를 사랑하고 있을까?
　무한대(∞)는 어때?
7: 왜 다들 럭키를 생각할까?
　만나지 못하는 마름모는 어때?
6: 9를 6으로 읽고 6을 9로 읽으며 나는 웃었어
5: 너의 귀걸이가 흔들거리며 사랑을 속삭여
4: 아까운 시간을 살 수 있을까?
3: 너를 만나고 때론 안녕을 말하고
2: 5와 2 사이에 난 늘 갈팡질팡했어
1: 1은 0 다음이 아니겠니?
0: 꼴찌라고 누가 그래? 바닥을 치고 올라가면 되잖아!

- 시 「나는 너를 왜 몰랐을까」 전문

우린 오늘도 수많은 관계 속에서 살아가고 있다. 둘 또는 여러 대상이 서로 연결되어 얽혀 있으며 사람 또는 집단들끼리 서로 사귀거나 영향을 주고받는다. 또한 까닭이나 원인을 가리킬 때 관계라는 말을 쓴다. 태어남과 동시에 가족관계에 속하게 된다. 인간관계의 종류에는 가족 부부 친구 연인 인연 고향 학교 회사 군

대 커뮤니티 등이 있다. 프레트 아글러는 '인간관계를 모든 행복의 근원이자 고민의 근원이라'고 말했다. 존 내쉬는 게임이론이라는 것을 통해 인간의 행동과 합리적인 선택을 연구했다. 즉, 서로가 이기는 전략을 원하는 인간관계를 바라지, 과도한 경쟁을 바라지 않는다는 이론이다.

관계는 혼자만으로 이루어질 수 없는 둘 또는 여러 대상이 연결되어 있다. 이런 관계들 속에서 타인을 알아간다는 의미는 무엇일까. 너는 원래 그런 사람이야, 라는 프레임으로 상대를 바라보고 있지는 않을까. 숫자 12부터 0까지를 통해 관계에 대해 말하였다.

>   9: 6과 9 사이에 너는 두 개의 섬에 살고 있다면
>   7: 왜 다들 럭키를 생각할까?
>   만나지 못하는 마름모는 어때?
>   3: 너를 만나고 때론 안녕을 말하고
>   2: 5와 2 사이에 난 늘 갈팡질팡했어
>   1: 1은 0 다음이 아니겠니?
>   0: 꼴찌라고 누가 그래? 바닥을 치고 올라가면 되잖아!

>   - 시「나는 너를 왜 몰랐을까」부분

숫자 9를 보면서 6과 9 사이에 살고 있는 7과 8을 생각했다. 어떤 수필가는 열 개의 발가락을 10개의 섬으로 보았다. 발이라는 신체에 달린 10개의 각자의 섬들이 살고 있는 것이다. 당신은 또 하나의 섬이고 나 또한 또 하나의 섬인 것이다. 쉽게 다가가기도 쉽게 벗어나기도 어려운 것이 관계인 것이다.

숫자 7은 일반적으로 행운의 숫자를 생각한다. 나도

학교 다닐 때 가장 좋아하는 숫자가 뭐냐는 물음에 자신 있게 7이라고 답했다. 관계에 대해 고민하면서 7을 자세히 관찰하니 만나지 못하는 마름모가 보였다. 하루를 불완전한 모양으로 살아가고 있을 때가 많기도 하다. 어떻게 보면 인생이란 삶이란 불완전의 연속인 것이다.

숫자 3은 온전한 8의 반을 생각했다. 비익조라는 새가 있다. 암수가 각각 날개와 눈이 하나씩이어서 짝을 짓지 않으면 날지 못한다고 한다. 어쩌면 관계란 이런 것이 아닐까. 완전한 완벽한 관계란 존재하지 않을 것이다. 불완전한 반쪽끼리 만나서 하나가 되기도 하고 하나가 다시 헤어지는 일을 반복하는 게 관계라고 할 수 있다. 그럼에도 불구하고 우린 하나의 완전한 개체를 위해 서로에게 다가가고 있는 것이 관계라고 할 수 있다.

선택의 과정에는 늘 갈팡질팡하는 내 모습이 어떻게 보면 5와 2 사이가 될 수도 있다. 1은 일등을 말하기도 하고 일류를 말하기도 한다. 1은 고독한 숫자이기도 하며 0이 없다면 과연 1이란 존재할 수 있을까, 라는 근원적인 질문을 하게 되었다.

그럼에도 많은 관계 속에서도 밀려나고 뒤처질 때 그래도 희망을 가지고 그냥 쭉 자신의 길을 가다 보면 언젠가 바닥을 치고 올라갈 수 있을 것이라는 긍정의 의미를 담은 숫자 0을 담았다.

나를 보면서 그래도 열심히 살고 있구나, 그럴 수도 있지, 라며 어깨를 토닥이고 싶다. 겨울이 없으면 참봄을 만날 수 없듯이 당신을 보니 참 좋았다는 말을 하고 싶다. 사랑으로 하나가 되는 그날이 올 수 있기를 바란다.

  티라미수와 포크 두 개 앉아있는 뱀 무늬 쟁반
  메마른 입술 물기 없는 눈으로 사선을 긋는
  인연이 연인으로 말장난이 허락되지 않는

  사랑에 빠져 돌부리에 걸려도
  언어의 꼬리가 잘려도
  세상 밖으로 헤엄치지 않는
  로지의 눈동자에 빠져들며
  너와 사랑을 나누고 싶다는

  입술만이 유영하는
  그때는 틀리고 지금은 맞는

  양파를 파는 파란 트럭 한 대

  눈동자에 갇히지 못한 채
  양산을 우산처럼 받쳐 들고 뛰어가는 남자
  Hello가 골목길을 걷고 있는

                                - 시 「I see you」 전문

  타인이란 나를 제외한 사람이다. 관계를 맺는다는 일은 무엇일까? 그 한 사람 한 사람이 내게 온다는 것, 서로에게 의미가 된다는 것. 하지만 때론 그냥 어깨만 스치는 타인일 수도 있다. 그 모든 일은 한 사람의 일생이 오는 귀한 일이기도 하다.
  문학은 타인을 관찰하고 이해하고 헤아리면서 공감하는 일이다. 타인은 영원히 닿을 수 없는 존재라고 한다. 그런 타인의 기쁨, 슬픔, 고통, 외로움을 하나하나 이해해 가면서 더불어 살아가지 못하는 모습에 대해 쓰게 되었다. 이제는 나와 당신을 또한 사회를 또한 세상을 이해하는 것이 얼마나 중요한지 깨닫는 일이기도 하다.

「I see you」시는 서로를 본다는 의미와 관계에 대해 생각하면서 쓴 시이다. 연극 관람 시간을 한 시간 정도 앞두고 미리 도착하게 되었다. 카페에 앉아서 차를 마시며 주위를 둘러보았다. 시험 준비를 하는 학생들의 눈은 노트북을 벗어나지 못했고 여럿이 마주 앉아 대화를 하는 좌석에서는 저마다 스마트폰을 보느라 눈을 마주치지 않고 건성으로 대답하는 모습을 보았다. 나도 또한 마찬가지였다. 새벽에 눈을 뜨자마자 집어들고 하루 종일 분신처럼 가지고 다니며 잠들기 전까지 떼래야 뗄 수 없는 관계로 살아간다. 혹시 배터리가 떨어질까 봐 보조배터리와 충전 선과 거치대를 필수로 가지고 다닌다. 무엇이 이렇게 불안하게 만들었을까. 관심받고 싶어서 자신의 일상을 포장하면서 과시한다. 나 이런 사람이라고. SNS를 통해 자크 라캉의 말처럼 타인의 욕망을 욕망하게 된다. 그러면서 상대적 박탈감과 우울감에 시달리곤 한다. 직접 만나서 대화를 하다 보면 카톡과 SNS 알람은 수없이 대화를 끊게 한다.

코로나19 시대를 살면서 만남에 대해 많은 생각을 했다. 만나서 얘기를 하며 어머, 어머, 그랬구나!, 하면서 맞장구를 치던 일들은 모임 제한이라는 발목에 잡혀 자유롭지 못했다. 비대면 사회에 익숙해지면서 때론 편하기도 하지만 이게 맞는 일인가, 라는 의구심이 들기도 했다. 서로의 눈빛과 표정과 얼굴을 보며 교감하는 일이 멀어질까 두렵기도 했다.

코로나19를 보내며 더욱더 스마트폰에 의지하게 되

었다. 배달앱으로 상대방의 목소리를 듣지 않고 주문하고 키오스크 앞에서 손가락으로 스크린을 터치하는 일은 일상이 되었다. 테이블오더 태블릿으로 종업원을 부르지 않고도 주문을 할 수 있다. 얼굴과 눈과 목소리를 통하지 않고도 살아갈 수 있는 사회가 되어가고 있다.

"메마른 입술 물기 없는 눈으로 사선을 긋는" 우린 수많은 만남을 가지면서도 무관심한 표정과 감성이 메마른 교감이 부족한 눈으로 사선을 그으며 시간을 보내기도 한다. 만난다는 것과 상대방을 본다는 의미는 같은 뜻이다. 한번 보자, 한번 밥 먹자는 말은 너를 더욱 알고 싶다는 의미이다. 당신이 무엇을 생각하는지 어떻게 살고 있는지 내면의 고통은 무엇인지 궁금한 것이 바로 보는 것이 'I see you'인 것이다. 또한 당신이 나를 제대로 알기를 원하는 것이 'I see you'인 것이다.

"사랑에 빠져 돌부리에 걸려도/ 언어의 꼬리가 잘려도/ 세상 밖으로 헤엄치지 않는/ 로지의 눈동자에 빠져들며/ 너와 사랑을 나누고 싶다는"(I see you 부분)

돌부리에 걸려도 언어의 꼬리가 잘려도 세상 밖으로 헤엄치지 않게 하는 대상은 누구일까. '스마트폰 좀비'라는 말이 있다. 걸어가면서도 손에 스마트폰을 놓지 않고 통화를 하고 SNS의 반응을 반복적으로 확인을 하는 신조어이다. 돌부리에 걸려도 하수구에 빠져도 누군가의 어깨와 부딪혀도 우린 놓지 않고 그를 신봉하고 있다. 가상 속 인물의 입술과 눈동자에 말을 건네고 사랑을 표현한다. 현실을 살면서 가상의 인물에 더욱더 매력을 느끼고 있다. 나의 말을 들어주고 대답하는 가상 인물로 인해 점점 현실과 멀어지게 한다. "너와 사랑을 나누고 싶다"는 고백을 하게 된다.

서로 만나도 당신의 속마음과 나의 속마음을 보이지 않는다. 비밀이 많아지고 겉도는 주제와 소재로 시간을 때우기도 한다. 골목길에는 "양파를 파는 파란 트럭 한 대"가 서 있다. 당신에게 좀 더 가까이 다가가지 못하고 나에게 다가오지 못하는 시간이다.

Look up은 '올려다본다'라는 뜻이고 stare는 '응시한다'는 뜻이다. '나는 너를 본다'라는 단순한 의미를 넘는 I see you는 '당신을 안다' '당신의 본질을 본다' '난 당신의 마음, 영혼을 보고 이해한다'라는 뜻이다.

아프리카 줄루족의 '사우보나' 인사는 '나는 당신을 봅니다'라는 의미를 담고 있고 화답으로 '응기코나'는 '내가 여기 있습니다'이다. 깊은 눈으로 상대의 눈을 바라보는 일은 상대를 존중한다는 의미이기도 하다.

지금 우리는 만남을 가진 시간에도 이별의 시간에도 교감은 이루어지지 않는다.

−여보세요, 여보세요. 나를 좀 알아주시겠어요? 나는 당신을 알고 싶어요.−

"Hello가 골목길을 걷고 있는" 현재를 살아가고 있다. 그런 골목길 위에 나도 서 있고 당신도 서 있다.

3. 사랑이란 의미는 무엇일까?

첫눈을 기다리는 마음은 지금도 살아서 가슴을 두근거리게 한다. 어려서 첫눈이 언제 올지 손꼽으며 기다렸던 기억이 난다. 첫눈이 오면 누가 가장 먼저 생각이 날까. 누구에게 가장 먼저 전화를 하고 싶을까.

문득 네가 생각이 나서 전화했어. 문득 네 목소리가 듣고 싶어서 전화했어. 이런 말을 들을 때 얼마나 그 사람이 나를 생각하는지 진심이 느껴진다. '문득'이라는 단어 속에는 많은 의미가 담겨 있다. 문득 이 두 글자 속에는 사랑과 관심이 느껴진다.

Falling in love를

떨리는 목소리로 부르는

당신을 향해 환하게 웃으며

당신밖에 보이지 않는

3인칭에서 2인칭을 향한

- 시「봄이라는 글자를 볼 때마다」 전문

여행 중에 저녁놀이 지는 해변을 걸었다. 대부분 가족이나 연인이 온 듯했다. 약속이라도 한 것처럼 저마다 다양한 포즈를 취하며 아름다운 시간을 담고 있었다. 서로 손을 잡고 사랑의 하트로 손끝이 닿았다. 어떤 사람들은 살짝 뛰어오르는 듯한 모습을 보이기도 했고 어떤 사람은 입 맞춤을 하며 포옹을 하기도 했다. 서로의 얼굴을 가만히 들여다보기도 했다. 순간적으로 찍은 사진에는 정말 다양한 포즈와 표정이 담겨 있었다. 여행을 마치고 돌아와 이 사진을 가지고 어떻게 시를 쓸까 고민을 하다가 이 시를 쓰게 되었다.

사랑이란 무엇일까? 나는 너를 사랑한다고 직접적으로 말하지 않아도 상대방을 향해 환하게 웃고 또한 아웃포커싱 식으로 수많은 사람 중에서 상대방만 보이는 게 사랑이다. 당신이라는 2인칭을 향한 게 또한 사랑이 아닐까 생각한다. 특별한 의미를 가진 소중한 대상이 되어가는 게 사랑이다.

　봄이라는 글자는 'Spring'이라는 계절의 '봄'과 '보다'라는 동사가 '봄'이라는 명사로 바뀐 것이다. 옆에 있는 혹은 앞에 있는 상대를 조용히 바라보며 사랑의 감정을 나누었으면 좋겠다.

　몸을 뚫고 나오는 여린 가지 하나하나
　비스듬히 일어서는 새끼손톱만 한 꽃잎 등에 꽂히는
　비릿한 문장
　배다와 베다의 이질적 블루스는 언제쯤 멈출 수 있나요

　아가, 울지 마라
　찬바람 불면 더 아프단다
　아가, 허리 틀지 마라
　비 내리면 더 아프단다
　머리를 어루만지는 갈라진 손바닥 깊게 팬 주름
　사이로 어쩔 수 없이, 살아가야 한다는,
　가슴을 할퀴는 비명에
　뒤돌아서서 눈물 쏟으며
　휘청거리는 늙어버린 나무 저 나무

　우리아기착한아기우리아기착한아기우리엄마착한엄마
　우리아기착한아기우리엄마착한엄마우리엄마착한엄마
　우리엄마착한엄마

　엄마, 엄마도 얼마나 무서웠어요

- 시 「후스르흐」 전문

'후스르흐'는 마두금 연주와 따스한 손길로 마음 깊이 어미 낙타의 마음을 어루만져주는 몽골의 전통이다. 다큐 프로그램에서 어미 낙타가 새끼를 낳고 두려움에 떨면서 뒷걸음치는 장면이 나왔다. 그때 몽골 사람이 마두금을 연주하면서 입술로 소리를 내면서 어미 낙타의 등을 쓰다듬는 장면이 나왔다. 어미 낙타는 눈물을 흘리며 아기 낙타에게 다가가 젖을 주며 품어주었다. 울음소리와 같은 마두금의 연주는 마음을 움직이고 있었다.

  내가 아이를 낳던 날은 대한大寒이었다. 눈은 새벽부터 내리기 시작하더니 병원에 갈 때 푹푹 쌓였다. 다른 엄마들보다 열 살은 많아 보이는 너무 일찍 늙어버린 엄마. 엄마의 등에 업히면 세상이 다 내 것 같았다. 아버지는 말 한마디 못하고 저세상으로 떠나셨다. 그때 엄마는 서른여섯 살이었다. 엄마는 육 남매를 온갖 장사를 하면서 키웠다. 땡볕 아래 장사를 해서 얼굴은 시커멓고 주름이 자글자글했다. 딸내미 몸조리해 준다고 먼 길 마다하지 않고 오셨다.

  입원실에 들어서자마자 등을 돌리고 한참을 우셨던 그 모습이 지금도 눈에 선하다. 엄마는 왜 그렇게 많이 우셨을까. 여자의 길로 엄마의 길로 살아가는 딸이 안쓰러웠을까. 지나간 엄마의 삶이 서러우셨을까. 지금은 돌아가셔서 엄마의 목소리와 손 얼굴을 만질 수는 없지만 다시 그날로 돌아간다면 마디마디 거친 손을 잡고 엄마, 엄마도 엄마가 되었을 때 엄마로 살아가면서 하루하루가 얼마나 무서웠냐면서 등을 토닥이며 안아주고 싶다. "우리엄마착한엄마우리엄마착한엄마" 엄마의 그림자는 나를 따라다니며 지금도 나를 보호해 주고 있다.

    이상하지 않니

    겨자씨만 한 점 세 개 옹기종기 모여 밥을 먹는 것이
    서로의 발뒤꿈치를 잡는 것이
    눈웃음치는 것이

    연습 없는 작별 찬란한 별 두 개는 안녕을 속삭이는 것이

    쿵쾅쿵쾅 쿵 쿵 쿵 콩닥콩닥
    콩 콩 콩 콩 콩 콩   콩   콩   콩

    그런데 그 런 데   그 런   데

    떠나보낸 그 자리 서러워 너마저 떠나려 하니

    졸리니 하품이 나니

    주먹을 입에 넣어 봐
    발가락을 빨아 봐
    몸을 더 둥글게 말아 봐
    달팽이가 집을 짊어지고 가는 것처럼 말이야

    보이니 들리니 웃고 있니

– 시 「모렌도」 전문

  모렌도(morendo)는 '차차 약해지는' 뜻을 가지고 있으며 음악 용어로는 악보에서 점점 여리고 느리게 연

주하라는 말이다. '사라지듯이'라는 뜻이기도 하다. 시에는 3가지 '미'가 있어야 한다. 흥미, 재미, 의미가 있어야 한다. 「모렌도」는 피드백이 많았으며 사랑을 많이 받은 시다.

흥미는 뭔가 새로운 시도를 말한다. 형식의 시도 또는 내용의 시도를 말한다. 독자는 끊임없이 새로움을 원한다. 시인의 숙명은 무엇일까. 새로움을 찾아 떠도는 유목민이 될 수 있다.

아는 지인의 임신 소식을 듣고 축하를 건넸다. 열 몇 차례 실패 후 늦은 나이에 시험관으로 성공하게 되어 더욱더 기뻤다. 처음에는 세쌍둥이라는 말을 들었는데 너무 힘이 들어서일까. 한 명이 사라지고 다시 한 명이 사라지는 안타까운 소식을 듣고 같이 울었던 기억이 난다. 빛을 보지 못하고 별이 된 아기들을 떠올리며 어깨를 들썩이던 지인을 위로하였다. 위로의 말로 어떻게 아픔을 슬픔을 떠나보낼 수 있을까. 내가 해줄 수 있는 게 그것뿐인 것이 안타까웠다. 마지막 남은 아이는 끝까지 삶의 끈을 붙들고 세상에 나올 수 있었다.

어느 날 무엇을 쓸까 고민을 하면서 이 시를 쓰게 되었다. 시는 체험도 쓰지만 상상으로 쓰기도 한다. 난 그때의 상황을 다시 생각하면서 상상하였다. "겨자씨만 한 점 세 개 옹기종기 모여 밥을 먹는 것이 서로의 발뒤꿈치를 잡는 것이 눈웃음치는 것이" 엄마 뱃속에서 세쌍둥이가 살아가는 모습을 상상했다. 누구나 겨자씨만 한 점으로 삶을 시작하게 된다. 겨자씨만 하다는 것은 세상에서 가장 작은 모습을 말한다. 그 점 세 개가 모여서 서로를 의지하고 살아갈 때 얼마나 힘이 되었을까. 두 명이 떠나보낸 그 자리 서러워 너만은 떠나지 말라는 소망을 희망을 담았다.

"주먹을 입에 넣어 봐/ 발가락을 빨아 봐/ 몸을 더 둥글게 말아 봐/ 달팽이가 집을 짊어지고 가는 것처럼 말이야" 너는 제발 세상에 나와서 빛을 보라고 말한다. 여린 너에게 간절히 기도한다. 몸을 더 둥글게 말면서 견디라고 말한다. 달팽이가 느리더라도 묵묵히 집을 짊어지고 기어가는 것처럼 느리더라도 한 걸음 한 걸음 내디디라고 말을 건넨다.

때론 나도 모르게 침잠할 때가 찾아온다. 그럴 때면 조용히 이 시를 읊조리곤 한다. 이 세상이, 내가 다시 보이냐고, 다시 들리냐고, 다시 웃고 있냐고, 묻는다. 열정이여, 다시 살아나라고. 느리더라도 삶을 포기하지 말자고. 마음을 토닥이며 다시 일어서자고.

"보이니 들리니 웃고 있니"

4. 어떻게 살았고 어떻게 살아가야 할까?

무엇인지도 모를 뛰어오르는
욕망을 멈추지 않으며
편의점에 가는 발걸음을 옹호하며
연호하는 가로수들을 스쳐 가며
나를 둘러싸고 있는 무엇들이 늘어나면,
삶은 권태롭지 않다고 중얼거린다

세상을 향한 무조건적인 사랑을 비난하며
심장이 뛰지 않는
간절함에 흐르는 간극
이쁘지도 않은 골든아워 속에서

숨을 헐떡이며 이 시각까지
무엇을 하며 살아왔느냐

김종삼의 시를 더 이상
거들떠보지 않으며

— 시 「무엇」 전문

담배 붙이고 난 성냥개비 불이 꺼지지 않는다
불어도 흔들어도 꺼지지 않는다
손가락에서 떨어지지도 않는다
새벽이 되어서 꺼졌다
이 시각까지 무엇을 하며 살아왔느냐다
무엇 하나 변변히 한 것도 없다
오늘은 찾아가 보리라
死海로 향한
아담橋를 지나

거기서 몇 줄의 글을 감지하리라

遼然한 유카리나무 하나

—「시작 노우트」 김종삼 시 전문

열정이란 무엇일까? 나에게 있어서 시란 존재는 무슨 의미를 가질까? 시를 쓰면서 과연 잘살고 있는지 계속 질문을 한다. 우린 욕망으로 똘똘 뭉치고 프레임에 종속되어 있을 때 안도감을 느낀다. 자신에게는 한없이 관대하면서 타인에게는 엄격한 잣대를 들이대고 산다. 작은 실수나 마음에 상처받을 때 불같이 화를 내기도 한다. 나는 과연 어떻게 살았을까.

나에게 열정이란 시를 쓰는 힘이다. 누군가 내게 묻는다. 열정을 어떻게 유지하냐고 부럽다고 한다. 나도 지치고 주저앉고 싶을 때가 많았다. 내가 살면서 동기 부여를 받게 된 계기는 중학교 때 엄마의 말 한마디였다. 반에서 10등 안에 들면 손목시계를 사 주신다는 말에 내 심장은 뛰었고 학습 방법을 잘 몰랐지만 누가 뭐라고 하든 말든 나만의 공부 방법을 찾아서 외우고 또 외우고 아예 문장을 통으로 외우곤 했다. 연필로 문제를 풀고 지우개로 지우고 다시 또 풀고 한 문제당 5번 이상은 풀었다. 나중에는 스스로 예상 문제를 만들면서 공부에 재미를 느꼈다.
　존재감이 없던 나에게 엄마는 장사하면서 튀김을 사던 손님들의 얘기를 들으며 나에게 목표를 제시했다. 학교 문턱도 넘지 못했던 엄마는 무슨 생각으로 나에게 이런 말을 했을까. 지금 생각해 보니 가능성을 보았을 거라는 생각이 든다. 잠자는 게 아까울 정도로 열정을 갖고 목표에 도달하기 위해 그냥 쭉 밀고 나갔다. 성적표가 나오던 날 선생님께서 반 아이들 앞에서 크게 칭찬했다. 한 손에 성적표를 들고 신나서 뛰어갔다. 성적표를 받은 엄마는 웃음꽃이 활짝 피어났다. 며칠 후 드디어 첫 손목시계가 생기는 날이었다. 그때의 뿌듯함은 나의 삶을 변화시키는 계기가 되었다.
　영화 '거미집'은 인간의 욕망에 대해 심도 있게 다루었다. 불멸의 영화를 만들고 싶은 송강호는 절실한 가운데 이미 세상을 떠난 감독과 조우를 하게 된다. 나는 재능이 없다는 말에 이런 대답을 한다. 자기 자신을 믿는 게 재능이라고 답한다. 이 말은 어떤 의미일까. 타인으로부터의 인정을 바라는 욕구에서 벗어나 할 수 있다는 자신감을 가지라는 말이다. 자기 자신을 믿는 게 바로 재능이라고 한다. 남들에게 보여주는 글과 이미지는 허위일 수 있다. 때론 자발적인 고독과 자신의 꿈과 미래에 대해 믿고 실행하는 능력이야말로 재능인 것이다. 절실한 마음을 담아 열정의 씨앗을 뿌리고 물을 주고 햇빛과 바람을 주면서 관심을 갖고 지켜보는 것이다. 지금 나는 무엇을 하고 싶은가. 무엇을 하면서 살 것인가. 나의 내면을 계속 여행하면서 나에게 끊임없이 질문을 던진다.

「무엇」은 삶에 대한 질문과 방향을 역설적으로 쓴 시이다. "간절함에 흐르는 간극". 가슴에 간절함이 살아있다는 것은 또 다른 열정이 되기도 하고 벼랑에 내몰렸을 때 절벽 앞에서 나가지도 물러서지도 못할 때 나는 과연 무엇을 할 수 있을까. 절벽 앞에서 뒷걸음치고 싶던 물줄기는 무모한 도전을 한다. 절벽에서 한 발짝 더 나아가 뛰어내리는 것이다. 시를 쓴다는 일은 살아간다는 일은 간절함으로 절절함으로 도전하는 것이다. 지금 내가 가고 있는 길이 맞는지 혼란스러울 때 간절함이 절절함이 나의 길을 인도하기도 한다. 사람들은 말을 하곤 한다. 바쁘게 살지 말라고 마음을 비우라고 마음 편하게 살라고 말들을 한다.

가슴속의 열정이 불꽃처럼 활활 타오르길 난 기도한다. "이 시각까지 무엇을 하며 살아왔느냐"는 김종삼 시인의 시 한 구절은 나를 다시 뒤흔든다. "오늘은 찾아가 보리라" 다시 일어서자. 다시 나를 끌고 나가자. 그냥 쭉 나의 길을 가자. 시는 위대한 힘을 발휘한다. 시는 삶을 변화시킨다.

김종삼 시인의 「시작 노우트」 시를 통해 과연 나는 어떻게 살아왔고 무엇을 하며 살아왔느냐는 질문에 대해 생각하는 '나'라는 존재와 마주하게 한다.

그저 그런 날이라고
그저 그런 인간이라고
그러면 어때
나·여·기
살·아·가·고·있·는·데

— 시 「압화」 전문

박순 시인은 도로에 떨어진 벚꽃잎 사진에 「압화」라는 시를 썼다. "그저 그런 날이라고/ 그저 그런 인간이라고/ 그러면 어때/ 나·여·기/ 살·아·가·고·있·는·데"라며 가운뎃점을 찍어 고달픈 삶의 무게에 짓눌린 시적 자아를 형상화했다. 그러나 '나'는 그런 실존을 긍정하며 도닥인다.

— 2022. 2. 20. '노원신문' 중에서

4월이면 벚꽃들의 향연이 펼쳐진다. 찬란했던 화양연화의 시절은 얼마 되지 않고 바닥으로 떨어질 수밖에 없는 것이 운명이자 숙명일 것이다. 일반적으로 낙화는 인생의 허무를 말하며 어느 시인의 말처럼 떠나야 할 때를 아는 것으로 표현된다. 나는 조금 다르게 보려고 생각했다. 이 벚꽃잎들이 지금 희망을 잃어버린 나 또는 누군가가 아닐까. 바닥이 바닥인 줄 알았는데 지하가 있더라는 말이 있다. 3포세대 5포세대 등 하루하루 버티는 게 힘에 겨운 이들이 존재하고 있다. '나 아파, 나 힘들어, 나 죽을 것 같아' 가슴을 옭아매는 그 고통의 소리들이 들리고 있다.

"반복되는 하루는 없다"고 비스와바 쉼보르스카는 말한다. 하지만 우린 어느새 일상의 반복적인 리듬에 지루함을 느낀다. 하지만 이 1분 1초가 누군가에게는 삶의 마지막 시간이 될 수 있을 것이다. "삶이란 죽은 자의 망막에 맺힌 나의 시간이다"라고 사회학자 정희진은 말했다. 이 시간도 죽음을 앞둔 사람에게는 부러움의 시간이며 다시 살고 싶은 시간이 된다. 삶과 죽음을 바라보는 시각은 개인마다 각자의 상황에 따라 다르게 인식될 수 있다.

세계를 바라보는 관점에는 망원경 관점과 현미경 관점이 있다. 지금 내가 살고 있는 이 풍경을 시간을 세계를 여기만으로 한정하는 것이 아닌 저 너머를 더 멀리 바라볼 수 있는 것이 망원경 관점이다. 내가 지금 머물러 있는 이곳을 사물을 풍경을 세밀하게 파고 들어가 관찰하면서 보다 구체적으로 보고 묘사할 수 있는 것이 현미경 관점이다.

도로에 떨어진 벚꽃잎을 보면서 그저 그런 날은 '하루'라는 날과 '나를'의 날을 이중적으로 표현했다. 그 사람은 어때? 라고 묻는다면 다른 사람은 나를 뭐라고 대답할까. 응 괜찮은 사람이야. 응, 뚝배기 같은 사람이야. 응, 진국이야. 이런 말을 들을 수 있을까. 남들이 알아주든 알아주지 않든, 나는 나의 길을 가고 싶다. 그저 그런 인간이라는 소리를 듣더라도 내가 하고 싶은 것을 할 수 있으면 얼마나 좋을까.

그저 그런 날이라도 그저 그런 인간이라도 누군가에게는 다이아몬드 같은 귀한 시간을 살고 있다. 먼지라고 불러도 좋다. 소우주인 개체들이 모여 하나의 완성된 우주를 만들 듯 한 사람 한 사람의 일생이 모여 역사는 만들어지고 있다. 다시 마음을 잡고 나 여기 살아가고 있다고, 작은 목소리라도 소리를 내보자. 손을 흔들어 보자. 잘 지내지요. 나도 여기 살아가고 있다고.

    밤새, 먼지 뒤집어쓰며
    가슴 움켜쥐며
    피 토하며 돌렸던 기계들
    소주잔 기울이며 신라면 안주 삼아
    가는 곡소리에
    내 숨통을 조였다고
    왜 벌써 가냐고
    주먹을 허공에 휘두른다
    앙다문 입술
    오른쪽으로 기울인 어깨
    화장化粧 못해
    새까만 얼굴로 누워있던 그 사람
    불편한 진실에 고개 흔들던 그 밤
    난 왜 모르고 살았을까
    한파가 몰아친다

                      - 시「우린 안부를 묻지 않아도」전문

아는 사람이 편안하게 지내는지 그렇지 않은지 소식을 듣지 못할 때가 있다. 그런 사이가 아닌데 어쩌다 보니 기회를 놓치고 나면 쉽게 묻지 못하는 게 안부다. 과거에는 가깝게 지냈고 친인처럼 맺어진 사이라도 어떤 사유로 연락이 끊겼을 때 처음에는 소식이 궁금하지만 차츰 시간이 지나면 잊히게 되고 안부를 묻는 것조

차 힘들어지는 건 누구나 겪는다. 더구나 친형제나 가족들도 잊히는 게 사람이다. 왜 사람은 다른 사람의 근황이 궁금할까. 사람이기 때문이다. 사람인 이상 혼자 살 수 없어 집단을 이루고 사는데 어떤 사유로 혼자 살게 되었어도 그곳의 근황은 항상 알고 싶다. 그러나 한번 떠나면 현재의 삶이 절실하기 때문에 그곳의 삶을 잊고 산다.

 박순 시인은 가장 가까웠던 그 사람과의 인연이나 돌출된 사건 없이 삶과 죽음의 장면을 풀어 놓는다. 먼지 뒤집어쓰고 피를 토하며 악착같이 살던 사람이 삶을 잃은 것을 보았다. 연민의 정을 끊기도 전에 그런 장면 앞에서 왜 냉정해지지 못하는가. 사람의 감정 영역은 끝이 없어서다. 욕하며 뒤돌아섰다가도 다시 다가와 위로해 주는 그런 순수함이 사람의 기존 감성이다.

 술에 취하여 왜 이리 냉혹하게 대하냐는 물음에는 입술을 앙다문 채 새까만 얼굴로 누워있는 사람을 보고 붙잡아도 손을 뿌리치던 그 밤, 왜 그의 사정을 모르고 살았는지 후회하며 돌아섰다. 그러나 가슴속 깊이 몰아치는 한파는 어떻게 지우는가. 평소에 안부라도 물을 수 있다면 이런 일은 없지 않았을까. 안부를 묻지 않았어도 훤히 알 수 있는 사람이었기 때문이었을까. 이제 안부를 어디에다 물어볼까? 한 편의 작품에 삶의 값어치가 무엇이고 우린 어떻게 살아야 후회 없이 살 수 있는가를 묻는다.

－《가온문학》 2022년 겨울호 이오장 시인의
계간평 중에서

5. 어디에서 왔고 어디로 가고 있을까?

어디로 가고 있는지 나는 몰랐다
구부러진 길을 갈 때 몸은 휘어졌고
발자국이 짓밟고 지나간 자리에는
꽃과 풀과 새의 피가 흘렀다
바람이 옆구리를 휘젓고 가면
돌멩이 속 갈라지는 소리를 듣지 못했고
바람의 늑골 속에서 뒹구는 날이 많았다
바람이 옆구리에 박차를 가하고 채찍질을 하면
바람보다 더 빨리 달릴 수밖에 없었다
질주본능으로 스스로 박차를 가했던 시간들
옆구리의 통증은 잊은 지 오래
일어나지 못하고 버려졌던
검은 몸뚱이를 감싼 싸늘한 달빛
그날 이후
내 몸을 바람의 사원이라 불렀다

　　– 박순, 「바람의 사원」 전문 (《문학청춘》 2022년 겨울호)

　박순 시인의 「바람의 사원」은 바람이 가진 영생을 중심으로 시편이 전개된다. 「바람의 사원」은 제목에서 보이듯 어디에도 있지만 보이지 않는 바람과 종교적 교당을 합성한 신비적 공간이다. 누구나 바람처럼 "어디로 가고 있는지" 알 수 없지만 바람이 남긴 '발자국'이라는 흔적을 통해 그것을 인식하게 된다. 바람은 스스로 자신의 형태를 드러낼 수 없기에 본질적으로 부딪침이라는 대상을 통해 발현되는 신과 같은 존재일 수 있다. "바람이 옆구리에 박차를 가하고 채찍질"하는 것같이.

이 '채찍질'이라는 '통증'이 어디서 오는지 신만이 아는 것으로 살아있는 존재 모두 '바람의 사원'에서 맡겨진 채 벌어진다.

-.줌렌즈의 좋은 시,
권성훈 문학평론가의 디지털 시대
사원의 언어 중에서 -

　박순 시인의 시 「바람의 사원」은 자연과 인간의 상호작용을 통해 내면의 갈등과 성찰을 깊이 있게 탐구하는 작품이다. 시는 자연의 힘과 인간의 존재 방식 사이의 긴장을 효과적으로 드러내면서, 동시에 개인의 정체성과 존재의 의미에 대한 물음을 던진다.
　시의 첫 부분은 "어디로 가고 있는지 나는 몰랐다"로 시작하여, 인생의 불확실성과 방향성의 부재를 시사한다. 이는 많은 사람들이 겪는 현실의 불투명성과 삶의 목적에 대한 불확실한 탐색을 반영한다. "구부러진 길을 갈 때 몸은 휘어졌고"라는 표현은 인생 경로의 비유적 묘사로, 길이 구부러지듯 인생 역시 예측할 수 없는 방향으로 전개됨을 나타낸다.
　중간 부분에서 시인은 자연과의 강렬한 상호작용을 통해 인간의 고통과 투쟁을 묘사한다. "발자국이 짓밟고 지나간 자리에는 꽃과 풀과 새의 피가 흘렀다"는 구절은 인간의 존재가 자연에 미치는 파괴적 영향을 시각적으로 강렬하게 전달한다. 이는 인간의 삶과 행위가 주변 환경에 어떠한 영향을 미치는지에 대한 성찰을 유도한다.
　"바람의 늑골 속에서 뒹구는 날이 많았다"라는 구절은 자연의 힘에 휘둘리는 인간의 모습을 상징적으로 표현한다. 여기서 '바람의 늑골'은 자연이 갖는 거대하고 불가항력적인 성격을 드러내며, 인간은 그 속에서 무력하게 휩쓸리고 있음을 나타낸다. 이러한 이미지는 인간과 자연의 관계가 얼마나 복잡하고 역동적인지를 보여주며, 인간이 자연의 일부임을 상기시킨다.

마지막 부분에서 "내 몸을 바람의 사원이라 불렀다"라는 표현은 자연과 인간이 하나가 되는 순간을 상징적으로 나타낸다. 여기서 '바람의 사원'이라는 메타포는 인간이 자연 속에서 어떻게 영적, 정신적인 피난처를 찾을 수 있는지를 제시한다. 이는 자연이 단순한 물리적 존재를 넘어서 인간에게 근본적인 안식과 위안을 제공할 수 있는 영적 공간으로서의 가능성을 탐색한다.

「바람의 사원」은 인간과 자연의 관계를 다층적으로 탐구하면서, 인간 존재의 본질적인 문제들—자아 탐색, 삶의 목적, 자연과의 조화—에 대해 깊은 성찰을 제공한다. 이 시는 풍부한 상징과 메타포를 통해 독자에게 강력한 시각적 이미지와 함께 감정적 공명을 불러일으키는 텍스트로 구성되어 있다. 이러한 시적 표현은 독자에게 자신의 내면과 외부 세계와의 관계를 탐구하게 하며, 이는 결국 자아실현과 성찰로 이어진다.

박순 시인은 언어의 리듬과 구조를 통해 읽는 이의 감정을 직접적으로 자극한다. 특히 반복되는 "바람"이라는 단어 사용은 시 전체에 걸쳐 일관된 주제와 모티프를 유지하면서, 바람이 가지는 여러 의미—변화, 힘, 자유—를 효과적으로 탐구한다. 이는 자연이 단순히 물리적 환경을 넘어서 인간 감정과 정신 상태에 깊숙이 관여하고 있음을 나타낸다.

시에서의 구체적인 시각적 이미지들은 독자의 상상

력을 자극한다. 예를 들어, "발자국이 짓밟고 지나간 자리에는/ 꽃과 풀과 새의 피가 흘렀다"라는 구절은 폭력과 파괴의 결과를 시각적으로 강렬하게 전달하면서 동시에 인간 행위의 결과에 대한 윤리적, 도덕적 반성을 유도한다. 이러한 이미지는 인간과 자연의 상호작용이 어떻게 때로는 조화롭고 때로는 파괴적일 수 있는지를 보여준다.

작가가 독자에게 전달하고자 하는 바는 인간의 삶과 자연의 불가분 관계를 인식하고, 이를 통해 개인의 내면세계와 외부 세계 사이의 균형을 찾아가야 한다는 것이다.

또한 「바람의 사원」은 박순 시인의 뛰어난 언어적 감각과 깊은 철학적 사색을 통해, 인간과 자연의 복잡한 관계를 세심하게 탐구하는 시다. 이 시는 독자에게 자연과의 관계를 재고하고, 자신의 삶과 정체성을 보다 깊이 이해할 수 있는 기회를 제공함으로써, 시적인 아름다움과 함께 귀중한 인식의 변화를 가져오는 작품이다.

　　　　　　　　　　－ 청람 김왕식 문학평론가의
　　　　　　　　　　　박순 「바람의 사원」 시평에서

언제부터인가 바람의 숨결에 나도 모르게 멈추곤 했다. 보드라운 바람도 있지만 휘청거리게 하는 바람도 계속 존재하고 있다. 예전에 백사마을 언덕을 오른 적이 있었다. 지붕에 얹힌 검은 폐타이어가 그 집을 바람으로부터 막아주고 있었다. 비닐로 덮인 지붕들을 보면서 검은 폐타이어가 나의 삶과 같은 동질감을 느꼈다. 싸늘한 달빛 아래 누워있는 모습은 어쩌면 인생과도 참 닮아있다.

 삶의 근원적인 질문에 대해 다시 생각한다. 나는 누구인가, 나는 어디서 왔는가, 나는 어디로 가는가, 나는 왜 살아가는가, 나는 어떻게 살아가야 하는가, 일 것이다. 바람이 휩쓸고 간 자리에는 무수한 상처의 흔적들이 남을 것이다. 나는 상처를 입은 자연이 될 수도 있고 상처를 주고 있는 인간이 될 수도 있을 것이다. 스스로 박차를 가하며 더 빨리 달릴 수밖에 없는 것이 삶이기도 하다.

 모든 생물이 살아가는 데 있어 햇빛과 공기 그리고 바람이 꼭 필요하다. 눈에 보이지 않지만 대상을 인식하게 만드는 그 바람, 바람들, 바람들,

 나의 두 번째 시집인 『바람의 사원』 제목처럼 나의 몸은 자연과 인간이 하나가 되는 바람의 사원이기도 하고 또한 새로운 시간의 삶을 바라는 사원이기도 하다.

박 순 시집

바람의 사원

초판 인쇄	2024년 8월 27일
초판 발행	2024년 8월 30일

지은이	박 순
펴낸곳	도서출판 책나라
등 록	110-91-10104호(2004.1.14)
주 소	ⓟ 03377 서울시 은평구 녹번로 3가길 14, 라임하우스 1층 101호
전 화	(02)389-0146~7
팩 스	(02)289-0147
홈페이지	http://cafe.daum.net/sinmunye
이메일	E-mail / sinmunye@hanmail.net

값 13,000원

ⓒ 박순, 2024
ISBN 979-11-92271-30-9

* 이 책 내용의 전부 또는 일부를 재사용하려면
  저작권자와 도서출판 책나라 양측과 협의하여야 합니다.
* 저자와의 협의에 의하여 인지를 생략합니다.
* 파본은 구매 서점에서 교환하여 드립니다.
* 이 시집은 한국예술인복지재단 2024년 〈일반 예술활동준비금 지원사업〉에 선정되어
  제작되었습니다.